DISCOURS

POUR

LA SOLENNITÉ DU XV AOUT,

Prononcé dans l'Eglise Cathédrale de Saint-Brieuc,
le jour de l'Assomption 1817,

Par M. LE SAGE, *Chanoine de la même Eglise*.

SAINT-BRIEUC,

Chez PRUD'HOMME, Imprimeur - Libraire.

1817.

AVANT-PROPOS.

En 1813 je fus appelé par un évêque voisin pour prêcher le carême dans sa cathédrale ; mais obligé de faire agréer son choix par le *Ministre des cultes*, le prélat reçut de S. E. cette courte réponse : *L'Ecclésiastique dont vous parlez, est signalé dans mes bureaux comme un esprit intolérant ; cependant on vous l'accorde, à condition de le surveiller et d'en répondre.* Le Préfet du lieu, qui passoit pour athée, et n'en aimoit pas moins à batailler sur la Religion, me fit aussi sa petite leçon sur la meilleure manière de l'enseigner ; ajoutant, par forme de compliment, qu'il connoissoit déjà *le bon esprit qui régnoit dans mes discours.* Il n'est pas jusqu'au commissaire général de police à Brest,

Le *Ch....* puisqu'il faut l'appeler par son nom,

qui ne m'ait honoré d'un petit mot d'éloge, tout en m'insinuant la nécessité, ou du moins l'extrême convenance d'ajuster l'Evangile au *bon temps où nous vivions* (1811), *à l'esprit du gouvernement et aux lumières du siècle.*

Cela s'appelle en sortir avec assez de bonheur ; mais c'est dans son pays que les grandes épreuves sont promises au prophète. J'ai paru dans les chaires de Saint-Brieuc et des autres villes du diocèse ; et si les beaux esprits qui m'ont entendu, ont souvent fait grâce à ma diction, il est bien rare que ceux qu'un temps fut, l'on nommoit *patriotes*, l'aient faite à mes sentimens. Pour se faire plus beau jeu, ils m'en prétoient que je n'eus jamais, et m'en faisoient ensuite secrètement hommage au *ministère de la police*, dans les bureaux duquel je me trouvois effigié d'une manière aussi ressemblante que dans ceux du *ministère des cultes*.

Mes chances heureuses dans le *Finistère* m'avoient laissé toute ma modestie, et mes traverses dans les *Côtes-du-Nord* ne m'ôtèrent rien de ma constance, lors même que j'avois à la fois sur les bras, et à propos de sermons, les *révolutionnaires* et les *dévotes*. Depuis long-temps je me crois en paix avec celles-ci, sans qu'il ait fallu ni congrès, ni traité, ni plénipotentiaires. Il a suffi de les laisser parler à satiété ; une fois lasses, elles se sont tues, et sans que personne y mît la main, la guerre s'est d'elle-même et bientôt trouvée finie.

N'est-il donc pas possible d'en finir également avec les autres ? Je le crois d'autant plus aisé qu'il n'y a plus, dit-on, ni *patriotes*, ni *révolutionnaires*, ni *fédérés*, mais seulement des *libéraux* ; et je commence par déclarer que je suis, à ma façon, tout aussi *libéral* qu'aucun autre. Voilà déjà, non un simple point de contact, mais bien un principe fondamental fait pour servir de base à un parfait accord, à une alliance durable.

Je préviens même l'objection essentielle que l'on pourroit d'abord me faire : c'est qu'un vrai *libéral* tient pour premier article de sa croyance politique, « qu'il ne faut seulement plus prononcer le mot de

« *révolution* ; que l'on doit, s'il se peut, le proscrire
« de la langue, comme barbare et suranné, et tout
« tenter pour l'empêcher de se réfugier dans l'his-
« toire. En agir autrement, c'est réveiller de fâcheux
« souvenirs, ranimer des haines éteintes, faire obs-
« tacle à l'union, à la paix, etc. ».

Essayons de nous entendre. Parlez-vous des in-
justices, des crimes, des forfaits, en un mot des
maux affreux de tout genre et sans nombre que la
révolution a enfantés, dans le sens qu'il faille les
oublier, les *pardonner* ? Alors je me proclame *libéral*
comme quatre des plus compactes. Je suis tout ex-
près accouru du fond de la Silésie, chevauchant par
monts et par vaux, pour prêcher en Bretagne et
ailleurs, à tous ceux que cette révolution a ruinés,
d'oublier l'aisance, la fortune, les honneurs qu'elle
leur a ravis, et dont l'infructueux souvenir ne seroit
plus pour eux qu'un inutile tourment. Ce conseil est
d'un sage payen (1), et un homme de bon sens n'a
pas besoin de l'aller chercher dans Sénèque. Pour le
chrétien, il le trouve en précepte dans sa Religion.

Mon sincère désir de contribuer au repos et à la
pleine satisfaction de ceux que la révolution a enrichis, est tel que je ne me ferois aucunement prier
pour leur dire : *Ce qui ne fut pas bon à prendre, est
devenu bon à garder, si vous voulez ; la charte vous le
garantit, et tout vrai Français doit amour et respect
au Roi, et soumission à la charte.*

---

(1) *Rerum irrecuperabilium felix oblivio.* De Tranq.

J'aime surtout à répéter à ceux que la révolution a persécutés, vexés, désolés, les sublimes et touchantes leçons de celui qui mit une charité sans bornes à la tête de ses préceptes, commanda l'entier pardon, le généreux oubli des plus graves et des plus nombreuses offenses, la prière pour les ennemis et les oppresseurs, et mourut en laissant à ses disciples l'exemple d'avoir à son dernier moment prié pour ses bourreaux. Voilà déjà une grande moitié du *libéralisme*, et certes la plus essentielle pour les amateurs, trouvée dans l'Evangile, source assez ancienne, assez abondante, assez pure pour n'en pas chercher d'autre.

Mais pour être un *libéral* sans reproche et bien conditionné de tout point, est-il aussi de rigueur, après cette grande clémence pour les faits, les résultats, le matériel de la révolution, d'en absoudre également les doctrines, de les regarder comme indifférentes au repos et au bonheur de la société humaine ; de tolérer, d'avouer, de professer plus ou moins hautement ces principes destructeurs à qui nous dûmes tous nos désastres? S'il en est ainsi, j'avoue que le courage me manque; et malgré l'extrême joie que j'éprouverois en me voyant un *libéral* accompli, je renonce à l'entreprise par la frayeur mortelle de ne me trouver, avec toute ma condescendance, qu'une espèce de *Jacobin*.

Voici donc l'*ultimatum* de ma diplomatie: que l'on m'abandonne les principes qui ont fait, consacré la révolution, et qui, dans le système toujours en crédit de la perfectibilité indéfinie, induiroient à penser qu'en recommençant tôt ou tard l'on pourroit se flatter de faire mieux encore ; qu'on les abjure franchement, de bonne foi et sans réserve ; que l'on regarde comme des ennemis du genre humain ceux qui seroient convaincus de n'en être pas pleinement désabusés ; nous voilà complétement d'accord, l'étant déjà sur le reste. Mes concessions, qui embrassent tout ce qu'il y a de positif et de solide, sont, si l'on daigne y réfléchir, à compter pour quelque chose. Les doctrines révolutionnaires n'inspirant plus qu'une horreur universelle, il deviendra tout aussi superflu de les combattre directement, qu'il le seroit parmi nous d'attaquer l'*islamisme*. Mais *quand je vois* près de quarante souscripteurs pour l'*édition complète des œuvres par excellence*, dans une petite ville qui, de mon temps, n'en recéloit qu'un exemplaire mutilé ; *quand je vois* nombre d'abonnés et de lecteurs au *Censeur Européen* ; des apprentis publicistes chercher tout leur savoir dans les doctes brochures de Mr de Pradt ; plus d'un riche dépôt d'impiétés, d'ordures et de licence, ouvert pour la pièce de deux sous à la curiosité, à l'oisiveté, à la corruption de notre jeunesse (1) ; des vétérans de la liberté qui semblent toujours pénétrés *du plus saint des devoirs;* des professeurs émérites de

---

(1) Des livres infâmes se trouvent jusque dans les poches perdues par nos jeunes lingères en s'en allant de leur journée. L'on m'apporta, il y a deux ou trois ans, une semblable trouvaille. Je remis aux sœurs de la Charité les effets qui furent rendus, sauf la brochure que j'avois brûlée. Les parens et les maîtres chrétiens devroient sentir la nécessité de surveiller à cet égard leurs enfans et leurs domestiques.

l'égalité et des droits de l'homme, murmurant tout bas leur vieux protocole, en attendant l'heureux moment de recommencer leurs leçons ; quand *je vois, quand je vois....Quand aura-t-il tout vu ?* Mettez donc que je ne vois rien. Mais, n'en déplaise aux *libéraux absolus*, je reste par provision un *semi-libéral*, étant convaincu dans ma conscience que, dans le cas présent, *la moitié vaut mieux que le tout*. Je laisse aux *tolérans parfaits* à tolérer du mieux qu'ils pourront ma vieille et paisible intolérance, et mes *déclamations hors de propos et sans objet*. Nos utinàm vani !

Vous aurez beau vanter le Roi dans vos ouvrages,
Et de ce nom sacré sanctifier vos pages ;
Qui n'est pas libéral, n'estime point son Roi.
BOILEAU, Sat. IX.

DISCOURS

Pour la Solemnité du 15 Août.

Habebitis hunc diem in monumentum, et celebrabitis eam solemnem Domino in generationibus vestris cultu sempiterno.

Ce jour sera pour vous un monument éternel, et vous le célébrerez de race en race, comme une fête solennelle à la gloire du Seigneur. Exod. 12. 14.

Ainsi parloit Moïse aux enfans de Jacob, lorsqu'ils avoient encore, pour ainsi dire, sous les yeux les plus terribles coups de la justice de leur Dieu sur un peuple infidèle, et qu'eux-mêmes étoient l'objet des prodiges éclatans de sa puissance et des plus tendres soins de son amour. Qu'étoit-ce en effet pour de telles faveurs que le souvenir et les bénédictions de la génération qui s'en voyoit comblée; et les races futures, appelées à en partager les fruits, ne devoient-elles pas être associées à tous les sentimens d'une juste et vive reconnoissance? Aussi le saint Législateur veut qu'un monument durable atteste ces insignes bienfaits aux derniers rejetons de la nation sainte, et qu'une auguste solennité en conserve à jamais la mémoire : *Habebitis hunc diem in monumentum*, etc.

Vous n'avez point, M. F., comme Israël dans une terre étrangère, vu les fléaux du ciel se multiplier sur tout un peuple sans en être atteints vous-mêmes: vous en avez ressenti toute la rigueur; et, sur le doux sol de la Patrie, long-temps, hélas! la verge du Seigneur étendue sur vos têtes vous frappa de ses plus rudes coups. De perfides séducteurs, qui ne vous parloient que de bonheur et de liberté, ne vous donnèrent que l'infortune et l'esclavage : apôtres fastueux d'une tolérance sans bornes, ils profanèrent vos temples, renversèrent vos autels, abolirent votre culte, et procédèrent, par la torche du brigand, le poignard de l'assassin, la hache du bourreau, à la régénération d'un vaste et florissant empire, dont l'immense accroissement de félicité, sans exemple dans les annales des peuples, seroit l'œuvre et la gloire de leur nouvelle sagesse.

Ils passèrent avec fracas, ces organes imposteurs d'une désastreuse doctrine dont il leur avoit été donné de faire sur vous le dangereux essai ; ils avoient semé du vent, et ne vous laissèrent à moissonner que des tempêtes, que des naufrages à subir, que des larmes à verser, à contempler que des ruines.

Le pouvoir qu'ils avoient envahi, saisi, perdu, repris, toujours disputé par des factions nouvelles, pourra changer sans cesse de mains, d'après les chances de l'ambition, de l'artifice et de la violence; toutes ces vicissitudes changeront rarement vos lamentables destinées. Le sceptre d'un usurpateur remplace d'odieux faisceaux; un audacieux soldat renverse d'ineptes et barbares dominateurs; mais un dur esclavage attend le sujet du despote, comme il fut le sort du citoyen, zélateur de l'état populaire. Ils verront l'exacteur sans pitié exprimer leur substance, dévorer leur fortune, obstruer les sources de l'industrie qui la répare ; la soif insensée des conquêtes traîner au champ du carnage ces enfans chéris, doux, mais trompeur espoir d'une postérité à laquelle de tristes parens sont condamnés à survivre, et qui n'aura pas même un tombeau dans ces solitudes lointaines où ses ossemens sans honneur blanchiront dispersés ; les sombres défiances de la tyrannie obséder l'homme paisible dans l'asile même de ses foyers ; et dans le cours de ce drame affreux, dont la France offrit au monde le long et hideux spectacle, se vérifiera constamment cet oracle de celui qui ne trompe point : Quand les impies se saisiront de l'autorité, le peuple sera dans le gémissement et la souffrance: *Cùm impii sumpserint principatum,* *gemet populus.* <small>Prov. 29.</small>

Pourquoi, demande un écrivain sacré, le Seigneur a-t-il visité par tant d'épouvantables calamités cette terre infortunée ? *Quarè fecit Dominus sic terræ huic ?* C'est, ajoute l'Esprit Saint, le juste châtiment des crimes sans nombre dont ses habitans l'avoient souillée ; c'est parce que les funestes leçons d'une fausse et homicide sagesse avoient remplacé, dans la plupart des esprits et des cœurs, les vérités et les maximes de la loi sainte du Seigneur leur Dieu qu'ils ont abandonné : *Quia dereliquerunt Dominum Deum suum.* Ils ont par l'impiété rompu l'alliance qu'il avoit faite avec leurs pères, et violé par la révolte la fidélité qu'ils devoient à leur Roi. Voilà le double attentat que la suprême justice punit avec éclat et rigueur par cette foule de maux dont elle les accable : *Idcircò induxit Dominus super eos omne malum hoc.* <small>III.Reg 9. Ibid. Ibid.</small>

Mais je vous rappelle, M. F., les terribles jugemens de la justice du Seigneur, dans une solennité consacrée toute entière au doux souvenir de ses plus tendres miséricordes. Je vous parle de ses châtimens, et je dois surtout vous entretenir de ses bienfaits. Ils sont passés ces jours d'effroi, où les peuples épouvantés se demandoient, au glaçant aspect de notre contagieux délire, si le ciel n'avoit donc plus pour nous que des fléaux : s'il avoit livré à une désolation sans retour l'héritage de Clovis, le peuple aimant du Béarnais au plus malfaisant vertige, et la nation glorieuse et florissante du grand siècle et du grand Roi, à un opprobre sans fin, à des malheurs sans remède? Oui, disons-le dans l'effusion d'une sainte alégresse, ces jours de douleur et d'inexprimables tribulations sont passés pour ne plus revenir. Il a crié, le sang du Roi martyr, non comme celui d'Abel pour demander vengeance, mais comme celui du Juste par excellence, pour implorer le pardon. Le courroux céleste enfin désarmé rend à nos vœux, et surtout à nos besoins, cette famille auguste née pour les trônes du ciel comme pour ceux de la terre, pour les vertus que la Religion couronne, et pour celles que la société bénit comme l'instrument ou le présage de son bonheur. Ainsi Louis le Désiré apparoît sur nos rivages désolés, à la suite de nos longues tourmentes, pour être notre réconciliation dans un temps de colère. Tel que ce signe propice que le Tout-Puissant montre dans la nue après le bouleversement de la terre, il devient un infaillible gage qu'elle ne sera plus visitée par le déluge. Il vient contempler nos désastres, s'attendrir sur nos maux et se dévouer à la noble tâche de les réparer et de les guérir. C'est ainsi que Joas, soustrait comme par miracle aux meurtriers de sa famille, et montré tout-à-coup à des sujets fidèles, anéantit d'un souffle le règne de l'impiété; met un terme aux fureurs de la race étrangère; rétablit, affermit dans la maison de Josaphat le sceptre de David, et prépare, opère un retour salutaire aux lois si long-temps méconnues de la religion et de la justice.

<small>IV. Reg. 21. 12.</small>

Auguste Patrone du peuple de Charlemagne et de saint Louis, tant de miracles de bonté furent sans doute le fruit de votre intercession puissante. Dans un siècle de foi, un pieux monarque, dont la postérité a consacré les vertus par le surnom de *juste*, vous choisit solennellement pour sa tutélaire et celle de ses sujets; vous vous êtes souvenue de ce pacte saint dans des jours d'apostasie et de défection, et la piété des pères n'a point été sans fruit pour leurs indignes enfans. En remontant sur le trône de ses ancêtres, Louis a hautement professé leurs religieux sentimens, et invité ses peuples à les partager. Hélas ! c'est par l'oubli, par le mépris de la Religion et des principes qui fondent, conservent, affermissent la monarchie légitime, que les Français sont devenus coupables et malheureux. Un retour prompt et sincère à la foi et aux vertus de leurs aïeux, un accroissement d'amour pour ce prince cher et vénérable à l'Europe entière, pour cette famille auguste que la Providence a deux fois rendue à nos vœux, et qui deux fois a été pour nous une ancre de salut au milieu des plus horribles tempêtes ; voilà pour nous l'unique route de l'innocence, de la paix et du bonheur. Parlons le simple langage de nos loyaux ancêtres : *Dieu et le Roi* ; tel doit être à jamais le Symbole abrégé des Français. En vous montrant toute l'excellence de ce double bien que le ciel nous a rendu, ce ne peut plus être qu'une tâche aisée d'exciter toute votre reconnoissance. Parlons d'abord du bienfait de la Religion.

I. Un être intelligent et libre, et dès là capable de devoirs, de vice et de vertu, ne peut avoir été jeté sur la terre comme au hasard, pour y vivre sans règle et sans dépendance. En société avec son Auteur, avant d'y entrer avec ses semblables, la Religion devient son premier devoir comme son premier besoin. Ainsi, dès la naissance du monde, le Créateur en dicta la forme à nos premiers parens ; culte domestique, assorti à l'enfance du genre humain, ne connoissant encore que la société de famille.

Suivons-le dans sa marche vers la civilisation, et arrêtons-nous au point où il commence un peuple. Nouveaux rapports, autres devoirs, autres besoins de la part de l'homme ; révélation plus ample, dogmes plus précis, plus explicites ; culte plus pompeux, sanction plus forte, plus imposante de la part de Dieu. Telle est la Religion nationale que reçut, au pied de Sinaï, l'Hébreu passant de l'état de famille à celui de société politique, prélude imposant d'une alliance plus parfaite et plus durable, de cette Religion universelle qui sera la loi de toutes les nations et de tous les siècles, et ne doit finir qu'avec l'univers.

L'Evangile en sera le code et Dieu toujours le législateur. Que dis-je? il envoie sur la terre son propre Fils pour en dicter les oracles. D'ignorans pêcheurs de Galilée sont choisis pour les porter aux nations, et marchent, par son ordre, à la conquête du monde. Ils déclarent hautement la guerre à toutes les erreurs, à tous les vices, à toutes les passions qui se liguent en vain contre le Christianisme naissant pour l'étouffer dans son berceau; le sang de ses enfans, ruisselant sous le glaive de la persécution, semble, selon la belle pensée d'un de nos anciens apologistes (*), une semence qui les multiplie. D'orgueilleux sages écrivent, tandis que les tyrans égorgent; la croix triomphe des sophistes comme des bourreaux. C'est peu que Jésus soit adoré dans la ville même où il a subi la mort, et par ceux qui avoient demandé, ordonné, exécuté son supplice. Il soumet bientôt cette Grèce si vaine de son esprit, de ses arts et de sa politesse : Athènes a déjà renversé ses idoles, Corinthe abjuré ses voluptés. Rome elle-même est vaincue comme les dieux de son capitole, et le signe du salut brille sur le front de ses Césars. Révolution humainement impossible par sa nature et ses obstacles, divine par ses rapides et éclatans succès.

Déjà la foi comptoit les Gaules dans son domaine, quand des farouches Germains y apportèrent leur joug; mais *baisse la tête, fier Sicambre*, la Religion t'impose le sien, pour ne plus faire des vainqueurs et des vaincus qu'une immense famille de frères, et mettre en commun de sublimes et éternelles espérances. Enlacée, pour ainsi dire, dans la monarchie qu'elle voyoit naître,

---

(*) Tertullien, apol.

et couvrant de ses ailes le berceau de ce nouvel empire, la Religion y versa tous ses bienfaits. Elle adoucit, polit les mœurs des conquérans barbares ; elle inspira, rectifia, perfectionna leurs lois, prévint ou modéra dans les chefs l'abus ou l'usage du pouvoir ; garantit, consacra l'obéissance des peuples. Aux uns et aux autres, elle prêcha toutes les vertus, créa, offrit, donna tous les genres de bonheur.

Fruits salutaires d'une Religion céleste, et que, dans la simplicité de leur foi, s'empressèrent de reconnoître, comme à l'envi, et ses anciens enfans et ses nouveaux prosélytes. L'on vit les rois, les grands, les sujets multiplier ses temples, orner ses autels, enrichir ses sanctuaires, doter et honorer ses ministres. Unie à l'état par ces nouveaux liens, l'Eglise de France se sentit plus spécialement intéressée à ses prospérités comme à ses disgrâces. Ainsi pendant quatorze siècles, elle vit avec lui passer sur sa tête des jours de ténèbres et de corruption, de factions et d'orages, d'abaissement et de revers ; comme des époques de science et de vertu, de calme et de repos, de splendeur et de gloire. Plus la Patrie faisoit pour elle, plus elle se croyoit tenue à contribuer, par l'auguste influence de ses fonctions, l'empire de ses exemples, le tribut de ses lumières, le sacrifice des dons qu'elle tenoit de la piété, à la félicité publique, et s'efforçoit de rendre au Prince et à son trône l'appui qu'elle en recevoit.

La Religion n'est-elle pas en effet le plus ferme soutien des lois, la plus solide base de l'autorité, le plus sûr gage de l'obéissance ? Elle enseigne et fait pratiquer des vertus utiles aux hommes, et que ceux-ci n'ont pas le droit de commander ; elle proscrit des vices et réprime des actions funestes aux sociétés, et que leurs législateurs ne sauroient atteindre. Elle étouffe dans leur germe les crimes publics, elle veille sur les crimes secrets qui bravent l'humaine justice. Elle est pour celle-ci un renfort, un supplément nécessaire ; et, quoiqu'occupée principalement du bonheur qu'elle promet après cette courte vie, elle est dès ici-bas, pour les hommes et pour les empires, une source abondante et pure de repos et de félicité.

<small>Montesquieu.
Esp. des Lois.</small>

Ne nous étonnons donc plus qu'aux jours de leur toute-puissance, des sophistes conspirateurs, qui ne méditoient que ruines et désastres, aient fait sur la Religion le déplorable essai du facile talent de détruire. Hélas! depuis plus d'un demi-siècle, l'impiété lui faisoit une guerre cruelle, et nous n'avions que trop à gémir de ses succès. Des doctrines désolantes, enfantées par l'orgueil de l'esprit, et amies des plus honteux penchans, étoient semées dans le cœur des hommes par tous les moyens capables de séduire et de corrompre. Une nation imprudente et volage prêta l'oreille à la voix de ces nouveaux et dangereux maîtres ; elle but à longs traits le poison de l'incrédulité, et nous avons vu quels frénétiques transports agitèrent bientôt sa fatale ivresse. C'est dans ce délire que fut conçue, jurée, consommée la ruine du trône et des autels, la destruction de la religion et de la société.

Vous le permîtes, o mon Dieu! dans votre colère; car de combien d'offenses n'étions-nous pas comptables à votre justice. L'oubli de votre loi étoit devenu le crime de ceux qui ne blasphémoient pas encore votre saint nom; les vertus avoient péri, avant que la foi fût éteinte; votre culte étoit négligé, avant qu'il fût proscrit; l'apostasie étoit dans les cœurs, avant que la bouche l'eût proférée : frappez, Dieu des vengeances, vos coups ne tomberont que sur des coupables.

Mais, que dis-je? Ah! plutôt souvenez-vous de vos anciennes miséricordes. Dieu de Clovis et de Charlemagne, Dieu de saint Louis et du Roi martyr, soyez encore le Dieu des Français! Si vous nous donnez en exemple aux nations ingrates qui seroient tentées de vous abandonner, du moins ne nous montrez à elles que comme des enfans égarés que châtie la verge d'un père. Jetez un regard de compassion, un regard de complaisance sur cette antique portion de votre héritage, sur cette Eglise Gallicane, si long-temps célèbre par ses lumières, son zèle et ses vertus. Contemplez maintenant son profond abaissement, ses douleurs, son opprobre, ou plutôt sa gloire. Voyez ses pontifes, ses pasteurs immolés par hécatombes; ses prêtres, ses lévites, ses vierges entassés dans d'obscurs cachots, y chanter avec joie votre saint nom, dans l'attente du jour du combat qui sera pour eux et pour vous le jour du triomphe. D'autres, pressés sur des prisons flottantes, y subissent un prompt trépas ou un long et douloureux martyre. Ceux-ci, bannis sur un autre hémisphère, ne cueilleront la palme des vainqueurs que sur des bords lointains et sous un dévorant climat. La plupart, errans sous un ciel étranger loin d'une terre impie, donnent, aux nations hospitalières, l'exemple de la résignation dans les revers, de la patience dans les tribulations, du courage dans les épreuves et les privations de l'indigence. Et sur ce sol proscrit que l'impiété désole et que parcourt le souffle de votre colère, voyez tant de pieux fidèles se déclarer hautement pour votre culte, abhorrer les autels du schisme et son faux ministère, braver la rage de vos ennemis, chercher, au prix de mille dangers et de pénibles courses, la Religion bannie de ses temples, au fond des cavernes, où, dans les jours de sa vieillesse comme dans ceux de son jeune âge, elle célèbre en tremblant ses mystères, et va soulager sa douleur loin des regards de ses farouches persécu-

(1) II. Macch. 6.

___

(1) *Acciderunt non ad interitum, sed ad correptionem generis nostri.*

teurs, qui lui font un crime de ses soupirs même. Refuserez-vous à cette multitude de vrais adorateurs, qu'en dépit des tyrans qui la déchirent, la France conserve encore, la sainte et précieuse liberté de vous servir

Non, M. F., nos vœux seront plus qu'exaucés, et sortie de cette crise violente, la Religion respire en paix, victorieuse de l'horrible tempête qui sembloit devoir nous la ravir sans retour. Miracle d'un ordre rare et presque sans exemple dans les annales de l'Eglise ; car, si son divin chef lui promet une durée égale à celle du monde, il n'en garantit cependant le bienfait à aucune nation, à aucun peuple. Je l'entends au contraire menacer de l'enlever à l'un pour le transporter à l'autre (1). Je vois le soleil de justice, ainsi que celui qui éclaire la nature, dispenser successivement sa lumière, et présenter à chaque contrée les feux naissans de l'aurore, les ardeurs brûlantes du midi, et un pâle et triste déclin que suit une profonde nuit. Je porte mes regards sur ces riantes plages de l'orient, berceau de l'homme et de la foi : depuis des siècles ce céleste flambeau s'y est éteint. Des rives du fleuve d'Egypte jusqu'aux colonnes d'Hercule, il a fait place aux plus épaisses ténèbres. L'Afrique ne se souvient plus de son Tertullien, de son Cyprien, de son Augustin, de son Fulgence ; ces florissantes Eglises ont disparu comme la mémoire de leurs saints et savans pasteurs ; et dans la ville de Constantin, le chef d'une religion de mensonge préside dans le temple où pria Théodose, et dans la chaire où parla Chrysostôme.

A la seule distance de trois siècles, notre occident m'offre un semblable spectacle : des nations nombreuses,

---

(1) *Auferetur à vobis regnum Dei, et dabitur genti facienti fructus ejus.* Matth. 21. 43.

tombées comme des rameaux desséchés du grand arbre de l'Eglise, s'écartant des voies dans lesquelles avoient marché leurs pères ; le schisme et l'hérésie dévastant l'antique héritage de Jésus-Christ, et s'avançant d'un pas plus ou moins rapide vers le terme inévitable, où, à force de flotter au gré de leurs inconstantes doctrines, les sectes vieillies et parvenues aux dernières conséquences de leurs premières erreurs, cesseront enfin de le nommer leur maître. Autant et bien plus coupables, bénissons le Dieu de toutes les miséricordes, qui nous a rendu l'inestimable bienfait d'une Religion qui sanctifia nos pères, et dont le bras puissant a relevé ce trône auguste, à l'ombre duquel ils trouvèrent, pendant tant de siècles, le repos, la gloire et le bonheur.

II. Les doctrines impies qui renversent les autels au nom d'une fausse et homicide sagesse, sont en même temps des théories de révolte qui sappent les trônes au nom d'une coupable licence sous le masque imposteur de la liberté. Les ennemis du ciel respecteront-ils les dieux de la terre ? et quand, dans leur irréligieuse fureur, ils auront immolé les pontifes, doit-on s'attendre que, dans leurs patriotiques transports, ils épargneront le sang des rois ? Il coula donc sous leur fer parricide et sacrilége, le sang du plus juste, du plus humain, du plus vertueux des princes ; celui de son héroïque épouse, de sa céleste sœur, de son fils innocent ! Augustes victimes que tous les âges verront surnager sur cette mer, qui, regorgeant déjà du sang Français, se dilatoit encore comme l'enfer pour absorber le sang des autres peuples. *Ah ! qui donnera des larmes à mes yeux*, puis- Jér. 9. je m'écrier avec le Prophète des douleurs ; *qui mettra dans ma tête une source intarissable de larmes*, pour pleurer jour et nuit des forfaits inexpiables, et dont la seule pensée inspire l'épouvante et l'horreur ? *Et plorabo* Ibid. *die ac nocte interfectos filiæ populi mei.*

O **France** infortunée ! tu peux ajouter avec le même Jérémie, que le Seigneur a enlevé du milieu de toi tout ce qui faisoit ton bonheur et ta gloire : *Dominus abstulit omnes magnificos meos de medio mei.* Tes temples sont souillés, tes autels détruits, tes prêtres égorgés, tes grands fugitifs, tes palais en cendre, tes citoyens révoltés, tes provinces consternées ; partout tu n'offres que la triste image de la désolation, de la douleur et de la mort. Qui pourroit raconter tes maux, mais surtout qui pourra les guérir ? *Quis medebitur tui ?* Si quelque tête précieuse, échappée à la rage de tes bourreaux, n'est pas destinée à changer ton déplorable sort, c'en est fait, tu subiras celui de ces cités criminelles sur lesquelles s'appesantit sans retour le bras de la suprême justice : *Nisi Dominus reliquisset nobis semen, quasi Sodoma facti essemus.*

<small>Thr. 1. 15.</small>

<small>Thr.</small>

<small>Rom. 9.</small>

Mais tu ne dois compter sur la clémence, que quand de longues et inexprimables calamités auront vengé sur toi le sang innocent dont tes tyrans t'ont souillée. Tu verras ces atroces dominateurs promener long-temps sur ta tête le glaive de la destruction, exterminer tes vierges, tes vieillards, tes enfans, tes épouses ; et, comme les animaux féroces, finir par s'entre-dévorer eux-mêmes. Tu verras des guerres au-dehors ajouter aux maux de tes dissentions intestines ; la stérilité dans tes campagnes, l'effroi dans tes foyers, la défiance, la haine, l'indigence dans tes familles ; l'abondance ne sera que dans la maison de tes oppresseurs, enrichis de tes dépouilles et engraissés de tes calamités. Il n'est plus même de Dieu qu'il te soit permis d'invoquer dans l'excès de tes disgrâces : les impies qui désolent la terre ont rompu ses communications avec le ciel. Ils ne se contentent plus, comme ceux des anciens jours, de désavouer, par le désir de leur cœur, une justice qui punit, une Providence qui gouverne ; l'athéisme désespérant sera désormais toute la religion d'un grand

<small>Psal. 52.</small>

peuple. Apprends de leur bouche le mystère long-temps caché de ta destinée finale : *L'homme n'est qu'un peu de matière que la mort dissout, il n'est au-delà du tombeau que le bonheur du néant.* Tel est le symbole de tes nouveaux maîtres, telles sont les nouvelles consolations que leur humaine philosophie avoit préparées d'avance aux maux dont ils t'accablent.

Combien sont différentes, o mon Dieu ! celles que vous nous réserviez dans les trésors de votre miséricorde : ces conseils de votre bonté pour retirer la France de ce profond abîme, et le fermer sous ses pas après l'avoir sauvée ! Vous destinâtes autrefois Cyrus à délivrer Israël d'une longue captivité et à le rétablir dans la terre de ses pères ; et vous appelez de l'aurore et de l'aquilon, les enfans du Germain, du Hun, du Vandale, du Sarmate, pour en faire envers nous les instrumens de vos desseins, les ministres de votre clémence. Deux fois ils ont entendu votre voix et exécuté vos ordres ; deux fois les fils de saint Louis et de Henri IV, éprouvés par l'exil et les tribulations, ont ressaisi leur sceptre, imité leur clémence, imposé pour première loi celle de la charité en s'en montrant les modèles, et n'ont livré qu'à regret aux rigueurs d'une indispensable justice ces coupables incorrigibles, ces odieux auteurs de nos maux qu'ils avoient conçu l'affreux projet de renouveler et de prolonger. C'est ainsi que la France, revenue à la loi sainte de son Dieu et dans le sein paternel de son Roi, goûtera cette paix du cœur, ce calme désirable après de funestes erreurs et tant d'affreux orages. Elle bénira le ciel d'y avoir mis un terme par un miracle de bonté digne de tous les transports de sa reconnoissance.

Français, deux siècles sont à peine révolus depuis que vos religieux ancêtres donnèrent au monde chrétien ce pieux et touchant spectacle. Successivement agités par les secousses violentes que causèrent dès leur naissance les hérésies du seizième siècle, long-temps fatigués au-dehors par des guerres sanglantes, et déchirés au-dedans par des dissentions civiles et religieuses, rendus enfin à des jours plus calmes, ils cherchèrent dans la Religion l'oubli des maux passés et le présage d'un avenir plus prospère. Ils attribuèrent à l'antique Patrone de la France la cessation des troubles, des orages, des scènes atroces qui avoient signalé les foibles règnes de Charles IX et de son successeur, et dont ne furent pas exempts les jours, hélas trop courts, du bon Henri. Louis XIII ne fut que l'interprète des pieux sentimens de son peuple, en consacrant par un édit solennel la reconnoissance publique envers la Reine des cieux, et en la proclamant leur commune tutélaire.

Des calamités mille fois plus déplorables nous ont ramenés à ces salutaires sentimens, à ces religieuses pensées. Que vois-je en effet dans cette auguste enceinte ? Un clergé, éprouvé par l'exil et les tribulations, orne ce sanctuaire et entoure cet autel que, dans des jours mauvais, son zèle courageux sut défendre. Des magistrats éclairés, intègres, associés aux soins bienfaisans d'un gouvernement paternel, ou voués à la noble et pénible tâche de peser nos intérêts, et trop souvent nos passions, dans une impartiale balance, viennent fléchir le genou devant celui qui jugera les justices. Héritiers de la valeur et de la foi des anciens preux Français et leurs émules au champ de l'honneur, des guerriers tout dévoués à leur Roi, s'humilient devant le Dieu des armées. Enfin, cette multitude confuse de citoyens me rappelle cette heureuse époque du règne de Josias où tout Israël, sans distinction de tribus, écoute avec une joie mêlée de douleur, et ratifie avec une sainte alégresse (1) le renouvellement de l'antique alliance de ses pères avec le

---

(1) *Acquievitque populus pacto.* IV. Reg. 23.

Seigneur, trop long-temps mise en oubli sous une suite de dominateurs impies.

Français, Français chrétiens ! avec quel attendrissement nos neveux qui liront avec effroi dans nos sanglantes annales l'incroyable récit de nos désastres, arrêteront leurs regards sur ce religieux tableau. Et quand la génération qui va nous suivre, ignorant encore les justices et les miséricordes du Seigneur sur nous, vous demandera, comme autrefois la jeunesse d'Israël, quel est l'objet de cette pompe? *Quæ est ista Religio ?* Vous Exod. 12. lui direz : il fut un temps où d'impies et séditieux sophistes infatuèrent de leurs désolantes doctrines leurs frivoles et crédules contemporains. L'irréligion prévalut, et ivre de son poison funeste, la plus douce des nations ne se reconnut plus elle-même. Un torrent de corruption, de scandales, de forfaits dévasta le doux sol qui vous vit naître, et renversa le trône et les autels. La France sans Dieu, sans Roi, n'eut plus que des tyrans et des esclaves, des bourreaux et des victimes. Mais après avoir offert à la terre le glaçant spectacle de ses vengeances, le ciel se souvint de sa clémence, et prit en main sa propre cause et celle de la société. Il tira du trésor de sa miséricorde ce Roi sage et bon, cette famille auguste qu'il y tenoit en réserve pendant les jours de sa colère. La monarchie sortit de ses ruines chargée des plus douces espérances. Accablés de leurs longues disgrâces, les Français vinrent dans les temples du Dieu de leurs pères abjurer, dans le sein de la Religion, un égarement qu'elle pardonne ou un ressentiment qu'elle proscrit ; et au pied de ses autels redressés, ils retrouvèrent un peuple de frères. Ainsi se levèrent des jours sereins après de longues et affreuses tempêtes. Dans ces grands traits de la bonté céleste, la France connut la main de son antique Patrone ; et la solennité dont vous voyez l'auguste appareil, atteste plus encore ses bienfaits que nos crimes et nos malheurs. Vous la célèbrerez donc de race en race, et vous apprendrez à nos derniers neveux que la Religion du Dieu de l'Evangile et le dogme salutaire de la légitimité reparurent après nos tourmentes politiques et les fureurs de l'impiété, comme autrefois l'arche d'un juste après la catastrophe du déluge et le bouleversement de l'univers ; baume salutaire pour des maux d'ailleurs sans remède. Cette fille du ciel offrit encore l'indulgence au repentir, des consolations solides à la souffrance, à tous des joies pures en cette vie, et dans l'autre un bonheur sans fin.

FIN.

www.ingramcontent.com/pod-product-compliance
Lightning Source LLC
Chambersburg PA
CBHW060916050426
42453CB00010B/1756